INAUGURATION
DU COMITÉ DU PAS-DE-CALAIS

DISCOURS

PRONONCÉ

Le 5 Février 1905

PAR

Monsieur Victor DUBRON

Président du Comité du Nord de l'Alliance d'Hygiène Sociale

A LA SÉANCE

qui a suivi la visite des Etuves et de la Consultation de Nourrissons

ÉTABLIES

à ARQUES (Pas-de-Calais)

PAR

M. le Docteur ALEXANDRE, Maire d'Arques

Présidence de **M. VISEUR**

SÉNATEUR ET PRÉSIDENT DU COMITÉ DU PAS-DE-CALAIS

DOUAI
Imprimerie " L'AVENIR "
H. Brugère, A. Dalsheimer et Cie
rue de Paris, 26
1905

ALLIANCE de L'HYGIÈNE SOCIALE

INAUGURATION
DU COMITÉ DU PAS-DE-CALAIS

DISCOURS

PRONONCÉ

Le 5 Février 1905

PAR

Monsieur Victor DUBRON

Président du Comité du Nord de l'Alliance d'Hygiène Sociale

A LA SÉANCE

qui a suivi la visite des Etuves et de la Consultation de Nourrissons

ÉTABLIES

à ARQUES *(Pas-de-Calais)*

PAR

M. le Docteur ALEXANDRE, Maire d'Arques

Présidence de **M. VISEUR**

SÉNATEUR ET PRÉSIDENT DU COMITÉ DU PAS-DE-CALAIS

DOUAI
Imprimerie " L'AVENIR "
H. Brugère, A. Dalsheimer et Cie
rue de Paris, 26
1905

de réserve, mais à l'extrême avant-garde que vous le verrez se hérisser, volontaire et résolu.

Ce n'est donc pas seulement en ma qualité de Président d'honneur du Comité du Pas-de-Calais, mais plutôt comme Président actif du Comité du Nord que j'apporte ici à mes collègues de mon département d'origine et d'élection, non des bénédictions d'aïeul, mais le salut viril d'un camarade et la fraternelle étreinte d'un vigoureux compagnon de lutte et de conquête.

C'est ainsi que j'entends m'acquitter aujourd'hui de l'agréable devoir de souhaiter la bienvenue au Comité du Pas-de-Calais.

Je ne saurais trop le complimenter d'avoir choisi, pour la première affirmation de son existence, la Ville d'Arques, ce champ d'expériences fécond et modèle, où l'initiative d'un administrateur savant et philanthrope vient de nous faire admirer une œuvre suscitée par l'altruisme, éclairée par la science, vivifiée par une bienfaisance ingénieuse et pratique et parée par des femmes de bien d'une fleur de charité délicate et douce.

Je ne sais plus quel poëte a dit qu'il faut louer l'homme assez intelligent pour savoir préparer sa tombe. Je ne saurais trop féliciter le Comité du Pas-de-Calais d'avoir choisi la Ville d'Arques pour son berceau.

Mesdames et Messieurs,

Sur le bulletin de convocation qu'on nous a distribué, j'ai lu cette phrase : « Cette conférence » est faite plus spécialement pour les mères de » famille, Messieurs les Maires, Instituteurs et » Mesdames les Institutrices. »

Mon ami, le docteur Ausset, vient de parler aux mères de famille. Ce professeur distingué et ce praticien capable qui a tant de fois éloigné la mort des berceaux a, beaucoup plus que moi, qualité pour les instruire et leur donner des conseils techniques.

C'est donc, plus particulièrement aux chefs des municipalités et aux membres du corps enseignant que je viens m'adresser.

C'est à eux que je dois répéter ce que j'ai déjà expliqué, bien des fois, et presque dans les mêmes termes, dans d'autres réunions, où j'ai eu à définir l'hygiène sociale et à faire connaître l'esprit et le but de notre Alliance.

Qu'est-ce que l'Hygiène Sociale ? Les Sociétés ont leurs souffrances et leurs maladies comme les individus et, de même qu'on oppose aux maladies individuelles l'hygiène privée, de même, aux maladies de la collectivité, il faut opposer une hygiène sociale.

Cette hygiène, de même que l'hygiène privée, tend beaucoup plus à prévenir qu'à guérir.

Elle prévient, en plaçant les individus et les groupes menacés, dans des conditions de résistance leur permettant de se mieux défendre.

Nous vivons dans un pays particulièrement laborieux et industriel. Ce ne sont partout qu'ateliers, manufactures, mines et fabriques de toutes sortes et de tous genres.

Les hommes s'y entassent dans un resserrement d'espace et une densité d'existence confinée plus favorables, il faut bien le dire, à la prospérité de l'industrie qu'à celle de la santé publique.

De ces frottements humains résultent des contaminations et des pestilences qui vont ensuite s'étalant et se répandant jusqu'à contagionner, au sein même des campagnes, des individus travaillant isolément et apparemment à l'abri des périls du groupement.

Ces infections qui sont, en quelque sorte, le mal des foules, ne doivent pas vous surprendre.

Quand on est trop de monde à respirer le même air, on le souille.

Quand on est trop de monde à se baigner dans la même eau, on la salit.

Ainsi s'expliquent les maladies et les vices qui naissent des agglomérations humaines.

C'est à ces maladies sociales qu'il faut imputer cette dépopulation dont les hommes de paix comme les hommes de guerre se sont justement alarmés et qui nous menace dans notre prospérité matérielle, dans notre fierté défensive et même dans notre avenir patriotique et national.

Nous avons cherché à connaître en détail ces maladies et ces causes de dépopulation pour mieux les combattre.

Celles que je peux nommer ici se ramènent à trois : la mortalité infantile, l'alcoolisme et la tuberculose.

L'hygiène sociale a déclaré une lutte à mort à ces trois fléaux pourvoyeurs de la mort, et nous pouvons proclamer avec satisfaction que, pour si récents qu'ils soient, nos premiers efforts ont été couronnés d'un plein succès.

Dans cette sainte croisade, et jusqu'au moment où notre alliance a apporté à nos travaux le bienfait des claires méthodes et des concours mutuels, chacun a choisi, suivant sa fantaisie, son champ d'action et son poste de combat.

Dans le Nord, dont je salue ici, avec un plaisir particulier, l'admirable Préfet, on s'est particulièrement occupé de la tuberculose, de l'assainissement des eaux, et des Mutualités ; dans le Pas-de-Calais, on s'est davantage et presqu'exclusivement attaché à la ligue contre la mortalité infantile.

Notre département a plus fait, à lui seul, pour le salut des petits enfants que le reste de la France entière.

Il faut en attribuer le mérite à toute une pléiade de bons citoyens et d'hommes de cœur.

La liste des modestes héros du bon combat est trop longue pour que je puisse la proclamer ici ; mais, j'ai le devoir de payer la dette de la reconnaissance publique en adressant tous nos remercîments à mon grand ami, M. le professeur Budin, qui en créant et en enseignant la science toute moderne de la puériculture, s'est placé, je ne crains pas de le dire, avec d'illustres savants dont les noms sont sur toutes les lèvres, au premier rang des bienfaiteurs de l'humanité.

A ce nom respecté, j'ajouterai celui de notre éminent compatriote, M. Jonnart, qui a été parmi nous l'introducteur de M. Budin et le premier vulgarisateur de sa science.

Je serais enfin le dernier des ingrats si je ne provoquais vos justes applaudissements en faveur de M. Duréault, ce préfet dont le zèle se double et se fortifie d'une bonne grâce sans banalité et de cette parfaite courtoisie dont récemment, en termes applaudis, Monsieur le Président du Conseil dénonçait la très agréable renaissance.

Ces hommes supérieurs ont rencontré des collaborateurs et des auxiliaires dignes d'eux ; des médecins comme le Dr Ausset, notre Budin du Nord, les Drs Lourties, Alexandre, Hernu, Aigre, Rasemont, Brassart et tant d'autres ; des fonctionnaires comme mon vieil ami Eugène

Carlier qui a emporté, dans sa retraite prématurée, l'estime de tous les hommes de bien, et enfin, puisque que nous sommes dans l'arrondissement de Saint-Omer, un statisticien précieux, M. Henry, percepteur d'Hallines, qui mérite bien d'être publiquement loué.

Grâce aux efforts des uns et des autres, aux enseignements largement répandus, aux circulaires terrifiantes, aux encouragements de toute nature, aux visites Préfectorales, au concours des Municipalités, du corps Médical et de la générosité des bienfaiteurs, les résultats obtenus ont été merveilleux.

Le Pas-de-Calais, compte actuellement 72 consultations de nourrissons en activité ; 15 en voie d'organisation et 84 autres décidées en principe.

Quant à la mortalité infantile elle-même, elle a subi un recul accusé par des chiffres éloquents.

Partout où des consultations de nourrissons ont été organisées, la mort a reculé de plus de 20 unités sur 25.

Vous voyez bien qu'il a raison, le Docteur Alexandre, lorsqu'il écrit *« qu'on voit passer beaucoup moins de petits cercueils »*.

Il n'en passe plus qu'un, là où il en passait cinq et c'est déjà par centaines, c'est-à-dire par légions, qu'on peut évaluer le nombre de petits chérubins conservés à leurs mères.

Que conclure de tout ceci ?

C'est qu'il faut entretenir, perfectionner et développer les *gouttes de lait* déjà existantes et qu'il faut en créer partout où il n'y en a pas.

Dans les localités trop pauvres pour en constituer une, on imitera l'exemple récent de mon compatriote M. Gernez fils, médecin à Mont-Saint-Eloi, on se contentera d'une consultation pour plusieurs communes, à la condition qu'elles soient assez rapprochées pour ne pas obliger les bébés à des déplacements dangereux ou que le médecin consente, comme M. Gernez, à se déplacer lui-même.

Ce rôle de création et de perfectionnement appartient spécialement aux municipalités et aux médecins.

Quant au corps enseignant, il doit aussi trouver sa place dans la lutte contre la mortalité infantile.

Ainsi que je le disais aux élèves du lycée de jeunes filles de Saint-Quentin, « j'ai souvent vu, dans les nombreuses familles, les grandes sœurs soigner leurs jeunes frères ; c'étaient d'adorables et touchantes petites mamans. »

Toutes les jeunes filles ne sont pas appelées à la maternité, mais toutes ou presque toutes auront à soigner des petits enfants.

Voilà, Mesdames les Institutrices, pourquoi vous penserez comme moi, que les aînées de vos élèves devront, avec l'autorisation de leurs familles, et en votre compagnie, venir faire dans nos Gouttes de Lait, l'apprentissage de leurs devoirs pré-maternels les plus doux et les plus charmants.

Elles apprendront l'art d'emmaillotter et de démaillotter adroitement les bébés, de manier leurs petits corps fragiles, de les alimenter quand ils seront bien portants, de les soigner lorsqu'ils seront malades, de les endormir quand ils ne voudront pas avoir sommeil et de transformer leur petite grimace de misère en sourires exquis et surnaturels, puisque, dans le langage populaire, on dit que ces sourires-là sont pour les anges.

M. le Professeur Budin, m'a expliqué tout à l'heure, que ce que je propose de faire dans le Pas-de-Calais, se pratique déjà dans l'Yonne.

Les grandes élèves assistent aux consultations et présentent à leurs Maîtresses, le lendemain des séances, de petits rapports écrits, relatant ce qu'elles ont vu et retenu.

C'est à la fois très pratique et très touchant.

Je me demande, avec quelque inquiétude, ce qu'on a fait dans le Pas-de-Calais contre l'alcoolisme.

Ici, le champ me paraît encore en friche.

On n'a pas guéri les ivrognes. On s'est contenté de compter les cabarets.

C'est déjà quelque chose, et même, vu le nombre, quelque chose de difficile.

Il y en a, dans le Pas-de-Calais, 20.358 ! 20.358 pour 955.393 habitants. Cela fait un cabaret pour 47 habitants.

A Liévin, il y a 700 cabarets pour 17.600 habitants. A Harnes, qui détient le record, pour 4.671 habitants, 200 cabarets : un cabaret pour 23 habitants, y compris le cabaretier et sa famille.

Le corps enseignant peut beaucoup contre cette plaie-là. Le meilleur remède contre l'alcoolisme réside dans la diffusion de l'enseignement ménager.

Pendant que MM. les Instituteurs apprendront aux jeunes garçons les dangers du cabaret, Mesdames les Institutrices prépareront les petites filles à devenir des femmes économes, propres, avenantes et, par conséquent, agréables et retenantes.

Elles leur diront que la femme a, généralement, le mari qu'elle mérite, et que le meilleur moyen de retenir *son homme* à la maison, loin de l'assommoir et du caboulot, c'est de faire en sorte qu'il se trouve mieux chez lui que partout ailleurs.

Donnons à l'ouvrier une maison bien tenue, une nourriture saine et bien préparée, des enfants sages et débarbouillés, une ménagère plaisante, de bon caractère et de bonne humeur, et vous verrez s'il ira s'empoisonner et s'abrutir au cabaret.

Je n'ai plus le temps, Mesdames et Messieurs, de vous parler de la lutte anti-tuberculeuse.

Sur ce terrain aussi, tout est à faire en Artois.

Il n'est pas facile d'y construire des sanatorium. Les dispensaires anti-tuberculeux eux-mêmes ne sont pas à la portée de toutes les communes, non plus, malgré les facilités de la loi de 1894, que la création d'habitations à bon marché; mais, il y a quelque chose qu'on peut faire partout, c'est d'améliorer et d'assainir les logements populaires. C'est aussi de créer des jardins ouvriers.

Pour cela, les facilités varient avec les localités. Tantôt, on affectera à ces jardins, comme à Valenciennes ou comme à Arras, des terrains provenant du dérasement des fortifications ; je ne dis pas cela pour Arques, qui n'a jamais été, je crois, une place forte ; mais pour St-Omer qu'on vient de démanteler et à l'intention de l'honorable Maire de cette ville, qui assiste à notre réunion ; ailleurs on suscitera l'intervention des patrons ou d'une œuvre charitable. Autre part, et le moyen peut servir aussi pour les Gouttes de lait et la lutte anti-tuberculeuse, on démontrera aux administrations des bureaux de bienfaisance et des Hospices, afin d'obtenir leur concours, qu'il en coûte moins de prévenir les misères et les maladies que de les soulager et de les guérir.

C'est ce que j'expliquais, il y a un instant, à un de mes anciens camarads, administrateur du bureau de bienfaisance de St-Omer, qui s'est volontiers rendu à mes bonnes raisons.

Ailleurs, on affectera à la création de jardins

ouvriers les parts de marais devenues inutiles à certains concessionnaires sortis de peine et l'on mettra en œuvre cette élégante idée de solidarité sociale : les *anciens* pauvres renonçant à l'assistance pour arracher des miséreux à la pauvreté.

J'ai eu la bonne fortune de faire accepter ce système, la semaine dernière, à Lens, et j'ai le devoir de reconnaître que j'y ai été puissamment aidé par Monsieur Basly, Député et maire de cette localité. Je lui adresse, d'ici, l'expression de ma cordiale gratitude.

En prononçant son nom et en évoquant le souvenir de tous ceux qui se sont, comme lui, associés à notre tâche, je ne peux m'empêcher de proclamer, avec une certaine fierté pour notre œuvre, qu'elle a fait, en ce temps de divisions ardentes et de haines sans merci, le miracle de grouper sous la bannière loyalement neutre de l'Hygiène Sociale, les hommes de cœur de tous les partis.

N'est-ce pas aussi de l'hygiène sociale, cette détente si opportune et cette entente d'individualités et d'esprits si divers ?

Dans sa récente visite au Musée social, M. Emile Loubet rappelait qu'il avait fait partie du grand Conseil de cette institution avec « deux de ses amis, » MM. Ribot et Léon Bourgeois.

Voyez-vous ce groupement dans un même élan, dans une même action, de ces deux hommes éminents, mais si différents à tous points de vue ?

M. le Président de la République les a appelés tous deux ses amis. Je me permettrai de réclamer d'eux le même titre, non pour moi-même qui m'en trouverais trop honoré, mais pour notre Alliance de l'Hygiène Sociale que de si hauts patronages rassurent et glorifient.

Avec eux, avec les personnages considérables et distingués qui sont ici, avec nos autres amis qui n'y sont pas, avec notre chef direct, M. le Président Casimir Périer, dont la confiance et l'affection m'imposent une profonde et respectueuse reconnaissance, nous développerons cette force tous les jours plus active et plus puissante qu'on appelle l'initiative privée.

Aidée de la sympathie des détenteurs de l'autorité publique, elle est de taille à solutionner de la façon la plus pacifique bien des problèmes inquiétants.

Lorsque je pense à tous les prodiges que nous pouvons faire en nous entr'aidant, en nous entr'aimant, en répandant sur le monde plus de justice et de véritable fraternité, je sens que l'âme française va devenir progressivement plus tendre, plus apaisée, plus maîtresse d'elle-même, et j'envisage avec une sereine confiance les sublimes destinées de la République et de la Patrie.

Douai, Imp. H. BRUGÈRE, A. DALSHEIMER et Cie, 26, rue de Paris

www.ingramcontent.com/pod-product-compliance
Lightning Source LLC
Chambersburg PA
CBHW060457050426
42451CB00014B/3366